JN069351

未来へつなぐ日本の記憶

高崎線と沿線

高崎線、両毛線、八高線、信越本線（高崎～磯部）、上越線（渋川）、長野原線、足尾線、秩父鉄道、上信電鉄、上毛電気鉄道

写真：篠原 力　解説：辻 良樹

EF53形2号機牽引の上り732列車。暖房車スヌ31を連結している。◎上野　1963（昭和38）年3月23日

.....Contents

185系による急行「草津2号」と急行「ゆけむり2号」の併結運転。吾妻線万座・鹿沢口〜渋川間は急行「草津2号」ではなく快速2524M（自由席グリーン車連結）として運転し、渋川8:06着。渋川8:20発の急行「草津2号」になり新前橋8:33着。新前橋8:39着の急行「ゆけむり2号」と連結して終着上野へ向かった。横を走るのは川越線の気動車。◎宮原〜大宮　1982（昭和57）年11月3日

はじめに

　今回は高崎線を中心に沿線の国鉄、私鉄についても掲載。高崎線では80系電車が上野との普通電車で活躍し、旧型客車も多い時代。信越本線や上越線と直通する特急、急行、準急が行き交い賑やかだった。昭和30年代から50年代の写真で、上越新幹線はもちろん開業前。特急「とき」を筆頭に在来線の上越線最盛期で、高崎線は信越本線碓氷峠をアプト式や粘着式で越える優等列車を含めて、その通り道の役目を果たしていた。

　撮影者の篠原力さんは大宮在住ということで、特に高崎線の写真が多い。近所で撮影されてきた歴史を感じるこまめな写真記録が、この写真集に反映されており、雪国からの上り列車を牽引するEF58に雪が付着するなど、季節の風物詩的な写真もある。

　一方で、長野原線や足尾線の写真を見ると、今では貴重なシーンが写る。長野原線は現在の吾妻線。写真当時は非電化で、蒸気機関車牽引による80系電車の準急が入線。蒸気機関車や蓄電池を載せた簡易電源車を連結して東京と直通させる意地を感じる光景だ。そして、足尾線の写真とともに、現在はダム建設によって消えた在りし日の鉄道風景が記録されている。

　上信電鉄、上毛電気鉄道の写真では、写る車両の多くは現在引退済。しかし、上信電鉄デキ1形や上毛電気鉄道デハ101は今も現役であり、群馬県の鉄道遺産への理解を感じる。そうした古参車が日常的に走っていた当時の写真を掲載しており、当時の雰囲気を味わっていただきたい。

2023年4月　辻 良樹

1964（昭和39）年2月訂補の高崎線時刻表（下り・一部）

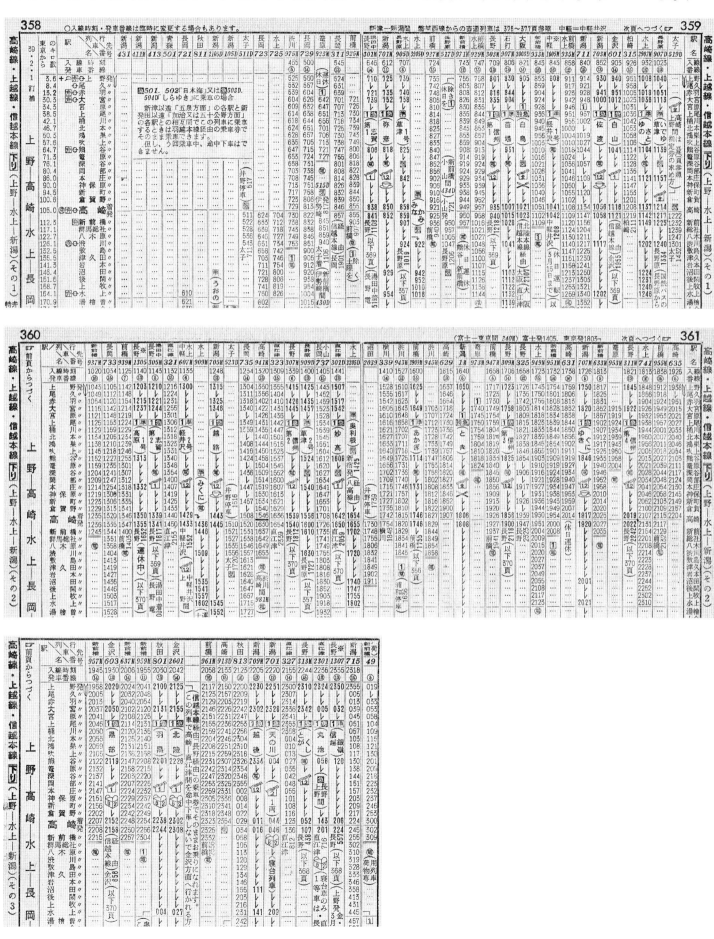

高崎線

特急「白鳥」上野発の一番列車を祝う14番ホームでのシーン。大阪〜青森間を結んだ日本海白鳥に対して、上野発着の「白鳥」は信越白鳥と呼ばれ、日本海白鳥は向日町運転所、信越白鳥は尾久客車区のキハ82系で運行され、1963(昭和38)年には全て向日町運転所所属となった。
◎上野
1961(昭和36)年10月1日
(6ページ上・下、7ページ上 3枚とも)

1961(昭和36)年10月1日のダイヤ改正で登場の特急「白鳥」。写真には、上野駅の高崎・上信越線方面のりば13・14番ホーム入口に掲げられた特急「白鳥」運転の祝賀板が写る。信越白鳥と呼ばれたが、1965(昭和40)年10月のダイヤ改正で「はくたか」となり、上野駅と特急「白鳥」の時期は短かった。
◎上野
1961(昭和36)年10月1日

EF53形13号機牽引による普通客車列車で、14番ホームでの733列車。機関車次位に写るのは暖房車のスヌ31。EF53形には客車暖房用の蒸気発生装置がなく、暖房用ボイラーを搭載した暖房車が連結されていた。◎上野　1963（昭和38）年3月23日

京浜東北線の電車線と並んで走る165系の11連。956M普通電車で2等級制時代の1等車（後のグリーン車）を2両連結。急行形の165系だが、運用の関係で普通にも使用され、100kmを越える長距離利用者をはじめとして重宝された。◎東十条　1968（昭和43）年9月22日

高崎線は大宮〜高崎間の路線だが、大宮から先は東北本線列車線へ直通し上野へ向かう。写真は、東北本線列車線を走る高崎線の115系普通電車。電車線の京浜東北線と並んで走る。高崎発上野行で、高崎13:26発上野15:16着の884M。◎北浦和　1980（昭和55）年3月9日

東北本線と赤羽線が接続し、東北本線や上越線、信越本線直通の急行停車駅で、写真当時は各線で多数運行の急行列車が1日中発着を繰り返していた。写真は1970年代初め頃の東口の様子。
◎赤羽
1970（昭和45）年頃
提供：北区立図書館「北区の部屋」

今回掲載した高崎線を通る電車は停車しない駅だが、沿線に住んでいると、上越線や信越本線へ直通する優等列車や高崎線の列車は馴染み深い人が多いだろう。写真は、そのような懐かしい時代に建っていた駅舎と駅前風景。
◎川口
1965（昭和40）年12月5日
撮影：荻原二郎

1967（昭和42）年竣工の西口駅舎で2階建て。西口側には埼玉県庁をはじめ、各種の公的機関が集積し、埼玉県の行政の中心地。しかし、長年に渡って中距離電車の多くが通過していたが、写真撮影の年の11月からは終日停車となった。
◎浦和
1982（昭和57）年5月
撮影：安田就視

181系を後追い撮影。2012Mエル特急「とき12号」で、絵入りのトレインマークが写る。新潟10:48発、大宮は14:37発で上野15:03着。エル特急はそれまで指定席が当たり前だった特急のイメージを変え、「とき」は新潟寄りの先頭以下数両が自由席であった。
◎北浦和
1980（昭和55）年3月9日

911M急行「ゆけむり9号・草津7号」で165系14連。写真前から7両が万座・鹿沢口行の「草津7号」でグリーン車が2両目。後ろ7両が水上行「ゆけむり9号」。新前橋15:56着で分割。「草津7号」は4911Mとなり16:02発。渋川から吾妻線へ。「ゆけむり9号」は新前橋16:06発だった。
◎北浦和
1980（昭和55）年3月9日

大宮6番線を走行する181系エル特急「とき」。写真は2008M「とき4号」で大宮駅を通過。4号の新潟〜上野間の途中停車駅は、東三条、長岡、小出、越後湯沢、水上のみで、大宮とともに新津、高崎にさえ停車しなかった。◎大宮　1978（昭和53）年7月21日

上り貨物列車を牽引する高崎第二機関区配置のEF15形92号機。写真当時は、首都圏の高崎線においてもEF15形が牽引する貨物列車を見ることができた。その後は次第に老朽化で廃車される車両も出始めたが依然として現役で、EF15形の運用は1984（昭和59）年まで続いた。◎大宮　1976（昭和51）年9月15日

電車急行「信州3号」の後は普通客車列車2322列車が狙い目。EF58形132号機牽引でマニ60＋オユ10＋スハフ42などによる13連が7番線に入線。すっかり普通が電車化された中にあって、上野～高崎間で運行され続けた普通客車列車は異色の存在だった。◎大宮　1976（昭和51）年9月15日

EF15形103号機がタンク車を連ねて牽引。石油輸送列車で、高崎操車場～根岸間の運行。タンク内は空で返空状態。旧型電機のEF15形が牽引する石油輸送列車は、当時の撮影ファンの間で人気だった。◎大宮　1980（昭和55）年2月17日

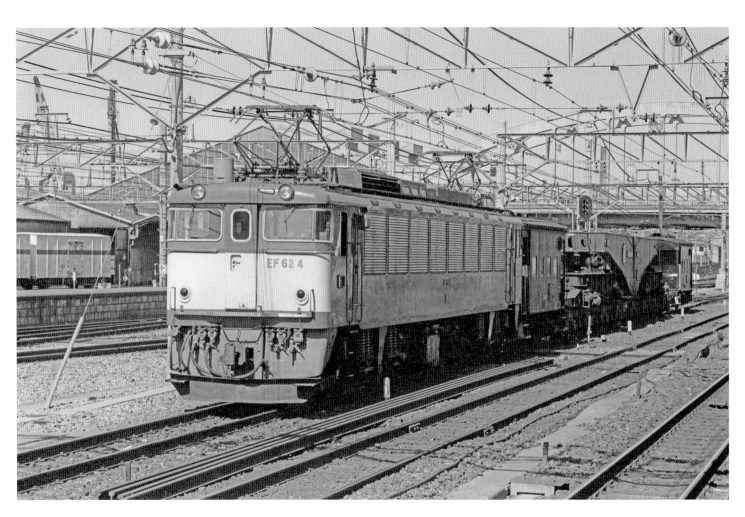

EF62形は碓氷峠の急勾配と前後の区間を直通できる電気機関車として登場。EF63形との協調運転を可能にした特殊設計である。写真は、EF62形13号機＋コキ10000他の編成。16ページ上の写真は、EF62形4号機牽引の大物車。車掌車ヨに挟まれて走る。
◎大宮　1980（昭和55）年2月17日（16ページ上、17ページ上　2枚とも）

上野と新潟を結んだ703M急行「佐渡」。写真の前年1963（昭和38）年に165系電車化された。ビュフェ車2両を連結した編成で、黄金時代の急行を感じさせる。上野を9:30に発車し、14:45新潟着、途中停車駅は赤羽、大宮、高崎、渋川、水上、越後湯沢、六日町、小千谷、長岡、東三条、加茂、新津の各駅であった。
◎大宮〜宮原
1964（昭和39）年7月18日

EF58形52号機（高崎第二機関区）牽引の601列車急行「白山」金沢行。スハ43系＋ナハ10系＋オロ62＋スニ60による編成。上野を9：40に発車して、終着金沢には19：55に到着した。◎大宮〜宮原　1964（昭和39）年6月14日

EF15形×2両による下り貨物列車が写る。先頭は高崎第二機関区配置のEF15形161号機。EF15形は、台車や電気機器などのほか、車体も旅客用のEF58形（箱型）と共通設計で、似通った雰囲気だ。202両製造され、各地の貨物列車牽引で見ることができた。◎大宮〜宮原　1964（昭和39）年7月18日

115系は111系の出力向上版で、増大の一途を辿った通勤需要に対応するために、1964（昭和39）年に高崎線へ投入された。3扉のセミクロスシート車は、デッキ付クロスシート車の80系に比べて混雑時に力を発揮し、増備が続いた。写真は上野発前橋行335M。◎大宮～宮原　1964（昭和39）年7月18日

キハ58系で907D準急「草津いでゆ」が写る。上野を10:40に発車、赤羽、大宮、熊谷、本庄、高崎、新前橋、渋川に停車し、長野原線（現・吾妻線）に入って長野原着13:34だった。当時の時刻表を見ると、草津温泉、新鹿沢温泉行の国鉄バスの座席確保が記されている。◎大宮～宮原　1964（昭和39）年6月14日

165系12連による702M急行「弥彦」。蝶番式の大型ヘッドマークが懐かしい。1963（昭和38）年に「弥彦」は165系化。新潟を6:50に発車、新津、東三条、見附、長岡、小千谷、越後川口、小出、越後湯沢、水上、渋川、高崎、熊谷、大宮、赤羽に停車し、12:04に上野に到着した。◎宮原〜大宮　1964（昭和39）年6月14日

高崎第二機関区配置のEF58形132号機牽引の高崎発上野行2322列車。マニ37＋オユ10＋ナハフ10＋ナハ10＋オハ35などによる12連。普通列車ながら停車駅が少なく、途中停車駅は、新町、本庄、岡部、深谷、熊谷、鴻巣、桶川、上尾、大宮、赤羽、尾久の各駅だった。
◎宮原〜大宮
1975（昭和50）年3月23日

午後上野到着の306M急行「信州3号」。サイド気味の撮影で編成がわかりやすい。サロ2両とサハシを含む6両編成と3両×2編成による12連。ビュフェ合造車のサハシを連結しているが、当時のビュフェは営業していなかった。
◎宮原〜大宮
1975（昭和50）年3月23日

EF15形128号機牽引の貨物列車。いわき貨物～富山操車場間の運行で、無蓋貨車がずらりと並び、石炭を原料とする燃料、コークスを運ぶ便だった。いわき貨物駅は常磐線内郷～平（現・いわき）間にかつて存在した。◎大宮～宮原　1980（昭和55）年2月11日

EF15形130号機牽引による貨物列車で、高崎操車場～新鶴見操車場間で運行された貨物列車。車掌車＋有蓋車＋タンク車＋無蓋車が連なる。ヤード式貨物輸送が行われていた時代、各地でよく見られた貨物列車風景だった。◎宮原～大宮　1980（昭和55）年2月11日

東北本線と高崎線が分岐する駅として発展した大宮駅。写真は昭和30年代の大宮駅の駅舎。各線の新幹線が乗り入れる現在から見れば隔世の感がある。1967（昭和42）年10月、民衆駅の駅ビルが誕生する。下の写真は昭和43年の西口の様子。
◎大宮
上の写真　昭和30年代
中の写真　1968（昭和43）年
撮影：山田虎雄

1959（昭和34）年に北本宿村が町制施行して北本町が誕生。元は北本宿駅という駅名だったが、1961（昭和36）年3月に北本駅へ駅名改称し、写真を見ると北本駅になっている。北本町は1971（昭和46）年に市制施行して北本市が誕生。駅舎は1977（昭和52）年に橋上駅舎化された。
◎北本
1965（昭和40）年
撮影：荻原二郎

EF58形120号機＋12系客車による石打発上野行
の臨時急行「石打スキー2号」で8702列車。1月
13日から2月17日の休日と1月14日の運転。石打
12:28発で大宮には15:56着。年末年始に長岡～
上野間で運行の臨時急行「佐渡54号」（客車列車）
と同じ列車番号で、水上～上野間の停車駅や発着時
刻が同じだった。
◎宮原～大宮
1980（昭和55）年2月11日

上越新幹線開業前。185系14連による903M
「ゆけむり3号・草津3号」。先頭から7両が
万座・鹿沢口行の「草津3号」。グリーン車
は2両目。後寄り7両が「ゆけむり3号」水
上行。新前橋10:56着で分割し、「草津3号」
は4903Mで11:01発、渋川から吾妻線へ。「ゆ
けむり3号」は11:04に新前橋発であった。
◎大宮～宮原
1982（昭和57）年11月3日

183系1000番台のエル特急「とき」。183系1000番台は耐寒耐雪構造の強化が図られた設計。写真は12連で走る2002M「とき2号」。新潟6:18発上野10:33着で大宮は通過した。撮影時は特急「とき」引退のカウントダウンが始まっていた頃。11月14日をもって特急「とき」は運転を終了し、翌日11月15日開業の上越新幹線へ列車名を譲った。◎宮原〜大宮　1982（昭和57）年11月3日

189系12連による下りエル特急「あさま5号」。上野9:46発長野12:59着で、大宮に停車した後、熊谷は通過で、高崎11:06着08発。信越本線に入って碓氷峠を越えた。189系は碓氷峠越えの横軽対策を施した形式。「あさま」の列車名は浅間山からで、トレインマークには浅間山がデザインされていた。
◎大宮～宮原　1982（昭和57）年11月3日

荷物車と郵便車を連結した868M。クモニ83＋クモユ141＋115系で、荷物車クモニ83は旧性能の72系からの改造車ではあるが、新性能車との併結運転が可能だった。クモユ141は荷物室のない全室郵便室で1967（昭和42）年に登場。新製の新性能1M電車であった。◎宮原～大宮　1982（昭和57）年11月3日

長野発上野行の302M急行「信州2号」。碓氷峠を越えるため横軽対策を施した169系で、グリーン車を2両連結した11両編成。長野を早朝6:03に発車し、大宮は9:26着9:27発、赤羽に停車し、上野に9:53着であった。◎宮原〜大宮　1982（昭和57）年11月3日

EF15形142号機牽引の下り貨物列車。機関車次位に車運車ク5000が写る。ク5000は乗用車を輸送する国鉄貨車で、従来の私有貨車での輸送とは異なり、メーカーや車種の違いに関係なく汎用的に運ぶことができた。◎大宮〜宮原　1982（昭和57）年11月3日

高崎第二機関区配置のEF58形130号機牽引による
2322列車。写真は午後2時前の昼下がりで、普通
電車が行き交う高崎線を悠々と客車普通列車2322
列車が走った。時刻表欄で電車のMを示す記号が
多い路線では、数字のみの列車番号である客車列車
はよく目立った。
◎宮原～大宮
1977（昭和52）年10月23日

高崎第二機関区配置のEF15形68号機牽引の上り
貨物列車。写真左側に写るのは大成跨線橋で、通称、
大成橋と呼ばれる。ワーレントラス橋で高崎線と
川越線を斜めに跨ぐ。写真当時の川越線は高崎線
沿いに線路があったが、東北新幹線や埼京線の建設
によって線路移設された。
◎宮原～大宮
1977（昭和52）年10月23日

189系特急「あさま」。写真は5028M「あさま4号」
で12連。EF63形との横軽協調運転用機器を備え
たのが189系。181系で運転されていた当時の碓
氷峠越えでは車両の両数制限があったが、協調運転
用機器を搭載した189系の登場で12両編成が可能
になった。
◎宮原～大宮
1977（昭和52）年10月23日

大成橋を抜けて大宮駅へ向かう908M急行「ゆけ
むり3号」＋臨時急行「伊香保」で165系13連。
通常の「ゆけむり3号」は単独列車だが、多客時
に運行の「伊香保」と併結運転することがあった。
水上を発車した「ゆけむり3号」は、渋川発の臨時
急行「伊香保」よりも少し早く渋川を発車し、新前
橋で臨時急行「伊香保」と連結した。
◎宮原～大宮
1977（昭和52）年10月23日

EF58形88号機牽引の733列車で長岡行。スハ32系＋オハ35系＋オハ61系などによる8両編成。上野を11:05に発車し、撮影区間の各駅発車時刻は大宮11:42、宮原11:48で、高崎では15分停車、終着長岡には18:43に到着した。◎大宮～宮原　1964（昭和39）年6月14日

161系＋157系による2M特急「とき」。写真は前からと振り向き後追い写真との2枚。特急「とき」は上越線初の特急として1962（昭和37）年に登場。161系は同年に登場した山岳区間対応の耐寒耐雪仕様車。157系を連結しているのは、東海道本線の特急用クロ151が事故で使用できなくなり、「とき」用クハ161が代替したからで、足りなくなった車両を補うための苦肉の策で連続勾配に強い157系が161系と混結して走った。
◎宮原〜大宮　1964（昭和39）年6月14日（32ページ下、33ページ上　2枚とも）

9022M「新雪2号」石打発上野行。スキーシーズンにあわせて上野〜石打間で運行された臨時特急で、直流区間のみの運行だが、交直流両用特急形の交流60Hz対応481系が運用されているシーンである。石打を発車すると、スキー客が多い越後湯沢や越後中里に停車した。
◎桶川〜上尾　1972（昭和47）年2月18日

306M急行「信州３号」。長野発上野行。熊谷に停車し、次の停車駅である大宮へ向かうところ、信越本線横川〜軽井沢間で碓氷峠を越えるためにEF63形と協調運転を行い、それに対応した169系で運転。グリーン車２両にビュフェ車を連結した12連が写る。◎桶川〜上尾　1972（昭和47）年２月18日

731M普通電車の長岡行を後追い撮影。荷物電車のクモニ83と郵便電車のクモユ141（奥）が写る。ともに客車列車の電車化によって必要になった荷物車と郵便車で、クモニ83は72系からの改造車、クモユ141は新製の郵便車だった。クモニ83は旧性能電車からの改造車ではあるものの、新性能電車との運転に対応し、両車ともに旧性能車や新性能車の別なく70系や115系と併結可能なブレーキ自動切換装置を備えた。クモニ83のパンタグラフが２基上がるが、これは雪・霜取り対策であった。◎上尾〜桶川　1972（昭和47）年２月18日

旧駅舎時代の姿で、改札口の向うに貨車が写る。
1936（昭和11）年改築の駅舎で、タクシーや服装
などに時代を感じる。駅舎は1982（昭和57）年に
橋上駅になった。その後、駅周辺は再開発や土地区
画整理事業によって写真当時とは変わっている。
◎鴻巣
1971（昭和46）年9月
撮影：山田虎雄

島式ホーム1面に橋上駅舎が建つ。行田駅は1966
（昭和41）年の開業。行田駅の駅名は秩父鉄道の現・
行田市駅が名乗っていたが、国鉄駅設置によって行
田駅の駅名が移った。なお、秩父鉄道の行田市駅と
はかなり離れている。
◎行田
1982（昭和57）年7月27日
撮影：安田就視

高崎線の主要駅で、秩父鉄道乗り入れ駅。東武鉄道
熊谷線も乗り入れていた。写真は、1963（昭和38）
年に改築された駅舎。写真左側に「くまがや駅」と、
ひらがな表記が見られる。駅前にずらりとタクシー
が並ぶ。埼玉の「埼」だけのナンバープレートが
懐かしい。
◎熊谷
昭和40年代
撮影：山田虎雄

神流川（かんながわ）の旧橋梁を渡る905M急行「あかぎ2号・ゆけむり4号」の併結で11連。グリーン車2両は「ゆけむり4号」。新前橋で水上行「ゆけむり4号」と小山行「あかぎ2号」が分割した。◎神保原～新町　1978（昭和53）年11月23日

高崎第二機関区配置のEF58形70号機が牽引する上り貨物列車。烏川の手前まで続く直線区間で、背景に写る山並みは榛名山である。写真右側には油槽所の石油タンクやビール工場が写る。◎倉賀野～新町　1963（昭和38）年2月24日

高崎第二機関区配置のEF15形176号機が牽引する上り貨物列車。烏川の手前まで続く直線区間で、背景に写る山並みは榛名山である。写真右側には油槽所の石油タンクやビール工場が写る。◎倉賀野～新町　1963（昭和38）年2月24日

新町を発車して烏川を渡り、国道17号の陸橋をくぐった先のカーブでの撮影。高崎第二機関区所属のEF58形70号機が牽引する733列車。上野発長岡行で、オハユ61＋スロハ31と続く編成。上野発の下り列車なのに、後ろの客車の屋根には雪が解けずに残っている。
◎新町〜倉賀野
1963（昭和38）年2月24日

高崎線では、碓氷峠を越える優等列車も走った。写真は、上野〜長野間の急行「とがくし」。1961（昭和36）年10月のダイヤ改正で気動車化。碓氷峠のアプト式に対応した急行形気動車キハ57系での運行で、横川〜軽井沢間ではED42形電気機関車によって牽引された。
◎倉賀野〜新町
1963（昭和38）年2月24日

榛名山との往年の景色。もちろん現在ではこのようなすっきりした景観は望めない。写るのは、高崎第二機関区配置のEF58形136号機牽引による324列車。スニ75＋オハフ61＋スハ32などによる堂々たる14連。◎倉賀野～新町　1963（昭和38）年2月24日

国道17号の陸橋をアンダーパスしてカーブを描く12連の80系電車。烏川の鉄橋を渡る手前で撮影。軽量構造で全金属車体の300番台が写る。両毛線前橋駅発上野行で午後の撮影。前橋〜新前橋間の電化は1957（昭和32）年12月だった。◎倉賀野〜新町　1963（昭和38）年2月24日

トラス橋が連続する烏川を渡る高崎第二機関区配置のEF58形7号機牽引の712列車。マニ60＋スロハ31＋スハ32などによる14両編成。鉄橋で上下線はセパレートしている。通信用のケーブル柱が左側に写り、大型のハエタタキである。◎倉賀野〜新町　1963（昭和38）年2月24日

高崎操車場や高崎第二機関区の横を通り抜けて走るEF58牽引の客車普通列車。客車列車から電車へ置き換わった列車もあったが、当時は写真のように電気機関車牽引による客車普通列車の運行が数多く見られた。◎倉賀野〜高崎　1959（昭和34）年1月15日

国道17号の陸橋下をくぐり烏川へ向けて走る702列車、急行「弥彦」。上野〜新潟間の急行列車で、EF58の前面には雪が付着している。牽引機は長岡第二機関区配置のEF58形107号機。オハニ36＋スロ53＋スハ43系による9両編成。◎倉賀野〜新町　1963（昭和38）年2月24日

写真は60年以上前の高崎〜倉賀野間の様子。上り電車の撮影で、窓枠がアルミ合金製に変更され、座席間隔などが改良された200番台が走る。蒸気機関車牽引の客車列車時代から比べると、煤煙もなく、スマートな通勤も可能にした。
◎高崎〜倉賀野
1959（昭和34）年1月15日

EF15形牽引による上り貨物列車。EF15形は終戦後に登場した貨物用電気機関車。向こうにはEF58形が写る。沿線には小川が流れ、耕作地や野原が見られた。
写真左側に遮断機のない踏切で待つ二人乗りの自転車が写る。◎高崎～倉賀野　1959（昭和34）年1月15日

1956（昭和31）年に高崎第二機関区へ
80系が新製配置され、試運転の後に翌年
1957（昭和32）年から80系電車による定
期電車運転を開始した。写真は高崎駅2
番ホームとクハ86ほか80系6両編成。電
気機関車牽引による客車列車を置き換え
ていった。
◎高崎
1957（昭和32）年5月5日

EF57形9号機牽引の726列車。機関車次位はマニ60。東海道本線の優等列車の牽引機だったEF57形だが、当時は転出して高崎線などで運用された。EF57の上あたりに木造の跨線橋が写り、荷物列車発着のプラットホームには多くの荷車が並ぶ。◎高崎　1957（昭和32）年5月5日

高崎駅1番線に進入する307列車準急「白樺」。信州との間を結んだ準急。EF55形3号機が牽引し、スハフ42ほかが写る。同機は沼津機関区へ貸し出されていたが、1957（昭和32）年3月に高崎第二機関区へ戻り運用されていた。◎高崎　1957（昭和32）年7月21日

EF57形11号機牽引による702列車急行「佐渡」。「佐渡」は上野～新潟間を結ぶ急行として1956（昭和31）年11月のダイヤ改正で登場した。EF57形11号機は長岡第二機関区配置機。編成は、オハニ36＋スロ51＋オロ40＋スハ43系である。◎高崎　1957（昭和32）年10月13日

80系による上り電車。クハ86203＋モハ80204ほかの6連で924列車。当時の時刻表では列車番号＋Mの表示はなく、電車運転を行うことを示す電マークのみが入っていた。80系は長距離の通勤需要を伸ばし、高度経済成長が進む中で輸送力増強を支えた。◎高崎　1957（昭和32）年10月13日

両毛線

両毛線は群馬県や栃木県の主要都市を結ぶ路線。沿線には群馬県県庁所在地前橋市の代表駅前橋駅がある。昔の日本交通公社の時刻表を見ると、蒸気機関車牽引列車に汽車の表示が見られる。写真は小山機関区C58形15号機牽引の列車で、オハフ61＋オハユニ61＋スユ30＋オハフ61他の編成。
◎高崎　1962（昭和37）年6月17日

1968（昭和43）年9月に小山〜前橋間が電化し、既に電化の前橋〜新前橋間と合わせて両毛線が全線電化された。写真は2代目の利根川橋梁を渡る115系1000番台。新前橋から前橋へ向かって渡る下りを後追い撮影。2代目橋梁の奥に見える橋脚は、現・橋梁の3代目橋梁の橋脚である。両毛線の高架化事業で架け替えられた。◎新前橋〜前橋　1984（昭和59）年8月19日

三角屋根の採光窓が印象的だった旧駅舎。深谷と言えば、東京駅で使用された赤煉瓦が有名。写真当時は日本煉瓦製造の専用線もあった。1996（平成8）年に東京駅の赤煉瓦駅舎風の橋上駅舎が誕生したことで話題になった。
◎深谷
1971（昭和46）年6月5日
撮影：荻原二郎

上越線と信越本線が分岐する交通の要衝として栄えてきた高崎駅。写真の駅舎は1917（大正6）年竣工の三代目駅舎。長年に渡って親しまれた駅舎であったが、上越新幹線開業を前にした新駅舎建設のために1980（昭和55）年12月に解体された。
◎高崎
1956（昭和31）年

前橋駅は群馬県の県庁所在地前橋市の代表駅。写真は旧駅舎で、1927（昭和2）年建築の木造洋風建築が建ち、駅前に憩う人々が写っている。県都の玄関口らしい名駅舎として知られたが、高架化にともない解体され、駅は1986（昭和61）年10月に高架駅となった。
◎前橋
1969（昭和44）年
撮影：山田虎雄

写真の構図的には小俣～葉鹿（現・廃止）間だが、列車は後追いで葉鹿から小俣に向かって去ってゆくシーン。キハ17やキハ35による430Ｄ。山前駅と小俣駅の間にあった葉鹿駅は、1968（昭和43）年休止、1987（昭和62）年に廃止された。◎葉鹿～小俣　1967（昭和42）年12月30日

キハ58系516Ｄ急行「わたらせ」。高崎～桐生間は2526Ｄ普通列車（通過駅あり）、桐生から小山経由の上野行急行「わたらせ」になった。桐生7:52発、停車駅は足利、佐野、栃木で、小山発着後、上野には10:22着だった。◎小俣～葉鹿　1967（昭和42）年12月30日

小山機関区C58形220号機が牽引する623列車。他の列車と同じく利用の少ない駅を通過した普通客車列車で、例えば桐生〜足利間では、東桐生、葉鹿、三重、西足利を通過した。ちなみにこれらの通過駅は撮影の翌年に休止、その後廃止された。◎小俣〜葉鹿　1967（昭和42）年12月30日

牧歌的だった沿線。小山機関区C58形311号機が牽引する貨物列車679列車がやってきた。C58形は翌年の蒸気機関車列車さよなら運転の際に装飾を付けて走った形式だ。現在の沿線各地は宅地化が進み、当時とは印象が異なっている。◎小俣〜葉鹿　1967（昭和42）年12月30日

小山機関区C58形85号機牽引の624列車。国鉄足尾線の分岐点にある下新田信号場にて。新しい架線柱は翌年の両毛線電化に備えたもの。1989（平成元）年に分岐の足尾線が廃止され、第三セクター鉄道わたらせ渓谷鐵道によるわたらせ渓谷線へ転換した。
◎下新田信号場
1967（昭和42）年12月30日

八高線

八高線は八王子方の小野信号場（現・北藤岡）〜高崎間で高崎線と共用。一部の列車を除き、八王子〜高崎間通し運転だった。1958（昭和33）年に全ての旅客列車を気動車化。写真にはバス窓のキハ17形が写る。◎高崎〜倉賀野　1959（昭和34）年1月15日

高崎線であれば駅間は倉賀野〜新町だが、八高線なので倉賀野〜北藤岡間。北藤岡駅は高崎線に接するが、プラットホームは八高線のみ。写真は烏川橋梁のトラス橋を抜けたキハ17＋キハ20。キハ17とキハ20の車体幅の違いがわかる。◎倉賀野〜北藤岡　1963（昭和38）年2月24日

高崎線の列車車窓から写した八高線との分岐部と新町〜倉賀野間の小野信号場。信号場の係員が高崎線列車の通過を見守る。その後、1961（昭和36）年に北藤岡駅が開業し、小野信号場は同駅に併合され、プラットホームが八高線側のみに設置された。◎小野信号場　1959（昭和34）年8月11日

高崎第一機関区C58形202号機牽引の上り貨物列車。セメントバラ積みのホッパ車などを連結。竹沢駅は交換可能な相対式ホーム2面2線の駅だったが、現在は棒線化され、貨物列車側の線路が撤去されている。◎竹沢　1970（昭和45）年2月1日

八高線と分岐する信号場だった北藤岡駅までは高崎線と共用する。写真はキハ20の2連。キハ17系では出力不足が起きるために車体断面を大きく出来なかったが、キハ20系では、軽量客車10系の設計・製造で得られた新技法を元に車体の軽量化が図られ、車体断面を従来の20m級客車並みに大型化。キハ17系では出力不足を補うために座席や台車の重量を削減し乗り心地を犠牲にしたが、キハ20系ではその課題もクリアした。
◎倉賀野～北藤岡　1963（昭和38）年2月24日

ホキを牽引する大宮機関区のDE10形538号機。高麗川の日本セメントへ向けて石灰石を輸送する列車で、寄居発高麗川行。無煙化へ向けての教習を兼ねて一時的にDE10形が牽引したシーン。◎小川町～明覚　1970（昭和45）年2月1日

白煙を棚引かせて力走するC58形6号機。C58形は客貨兼用として設計された機関車で、ホッパ車を連ねて走る。高麗川の日本セメントからの空車を回送しているシーン。高麗川には日本セメント（現・太平洋セメント）の専用線があった。◎明覚～小川町　1970（昭和45）年2月1日

D51形703号機が牽引する貨物列車。丘陵地帯の谷間を走り、山間のような風景だ。後部には石灰石を積載したホキが写り、この先、日本セメントの専用線が分岐する高麗川駅でホキを切り離す。◎明覚〜越生　1970（昭和45）年2月1日

上り八王子行。高麗川〜東飯能間では1000分の20の勾配もある。写真の編成はキハ20＋キハ16＋キハ17の3連。キハ20は両運転台、キハ17とキハ16は片運転台。キハ17は便所付き、キハ16は便所なし。キハ17やキハ16よりも車体断面が大きいキハ20がよくわかる。◎高麗川〜東飯能　1968（昭和43）年1月2日

信越本線（高崎～磯部）

1962（昭和37）年7月15日に高崎～横川間が電化。下の写真はその祝賀シーンで、テープカット後の様子。写る80系電車は2305M準急「軽井沢」。高崎～横川間の電化を祝う羽根付のヘッドマークを掲出している。上の写真は当日のプラットホームにて。高崎～横川間電化完成の下に、上野から準急電車軽井沢号運転とある。◎高崎　1962（昭和37）年7月15日（上、下 2枚とも）

非電化時代の風景。群馬八幡から安中へ向けて走る下り列車で高崎第一機関区のD51形509号機牽引313列車。
◎群馬八幡〜安中　1962（昭和37）年2月4日

腕木式信号機が並ぶ横を単機回送で走る高崎第二機関区EF53形9号機。高崎〜横川間は1962（昭和37）年7月に電化。複線分の架線柱が立つが、群馬八幡〜安中間の複線化は1967（昭和42）年のことだった。◎安中　1962（昭和37）年11月4日

高崎第一機関区D51形270号機が牽引する311列車と1962（昭和37）年当時の磯部駅の様子。天皇誕生日の4月29日祝日の撮影で、写真左側の高崎方面上りホームには多くの人が写る。7月には高崎〜横川間が電化するため、すでに駅構内に架線柱が立つ。◎磯部　1962（昭和37）年4月29日

上越線（渋川）

◎渋川
1962（昭和37）年6月3日

前面に706Mとあるので2往復運行の準急「ゆきぐに」
のうちの準急「くさつ」（後に再び「草津」へ改称）と
併結運転を行わない単独運転の1往復。当時は165系
の新製投入前で、写真は翌年の165系投入を前にして、
乗務員や検車係員の習熟のために高運転台などが似た
153系で運転した時と思われる。もっとも、153系で
は連続勾配が続く豪雪地帯での運行が難しく、この「ゆ
きぐに」1往復は冬季運休だった。
◎渋川
1962（昭和37）年6月3日

雨の日の渋川駅。鳥居型の駅名標と名所案内が並ぶプ
ラットホームに到着した長岡第二機関区EF58形174
号機が牽引する上り普通列車で、オハニ61他の5連。
写真右側にはタンク車が写り、留置線が並ぶ。
◎渋川
1962（昭和37）年6月3日

長野原線（現・吾妻線）

長野原線へ入るC58形35号機＋C11形333号機牽引による長野原行下り準急「くさつ」（後に再び「草津」へ変更）。長野原線は非電化で、牽引機と80系電車を連結し終えたところ。80系電車への電源供給用として蓄電池を載せたオハユニ71形を連結した。後部は上越線準急「ゆのさと」水上行でこの後解放される。69ページ上の写真はオハユニ71形を妻面から見たところ。68ページ上の写真と71ページの写真は長野原へ向けて渋川を発車するシーン。
◎渋川　1962（昭和37）年6月3日（68ページ上・下、69ページ上、71ページ　4枚とも）

上り準急「くさつ」(後に再び「草津」へ変更)が走る。蓄電池を載せた簡易電源車オハユニ71形と80系電車による編成が旧線時代の第二吾妻川橋梁を渡る。現在は八ッ場ダム建設によって新線へ切り替わった。下りではC58形35号機＋C11形333号機だったが、上りではC11形333号機牽引によって渋川を目指した。
◎川原湯〜岩島　1962(昭和37)年6月3日

非電化時代の長野原線では、電化の上越線と直通する80系準急を蒸気機関車が牽引するシーンが見られたが、普通列車は写真のように気動車が走っていた。写真は第二吾妻川橋梁を渡るキハ17系。なお、新線切り替え前の岩島〜川原湯間では日本一短いトンネルとして知られた樽沢トンネルをくぐった。
◎川原湯〜岩島　1962（昭和37）年6月3日

この写真の解説は68ページ下を参照。

足尾線（現・わたらせ渓谷鐵道）

渡良瀬川に沿って走るキハ20の2連。桐生
12:46発、間藤14:25着の727D。キハ20は
国鉄末期の足尾線でも見られた。1989(平成
元)年にJRの足尾線が廃止され、わたらせ渓谷
鐵道わたらせ渓谷線が開業して今日に至る。
◎小中～神土
1969(昭和44)年1月26日

72ページ上の写真は高崎第一機関区C12形253号
機が牽引する貨物列車。左の写真は、神土駅(現・
神戸駅)へ先に到着していた高崎第一機関区C12
形41号機牽引の貨物列車と72ページ上の写真の
列車が連結し、C12形重連となって足尾方面へ向
けての勾配へ挑むシーン。左の写真の区間は草木
ダム建設により湖底に沈んだところで、1973(昭
和48)年に神土～沢入間の線路付け替えで廃線に
なった。なお、草木駅は草木トンネル経由の新線に
なったことで廃止された。
◎72ページ上の写真：水沼～花輪
1967(昭和42)年12月30日
72～73ページ下の写真：神土～草木
1967(昭和42)年12月30日

赤羽〜川口付近（昭和30年）

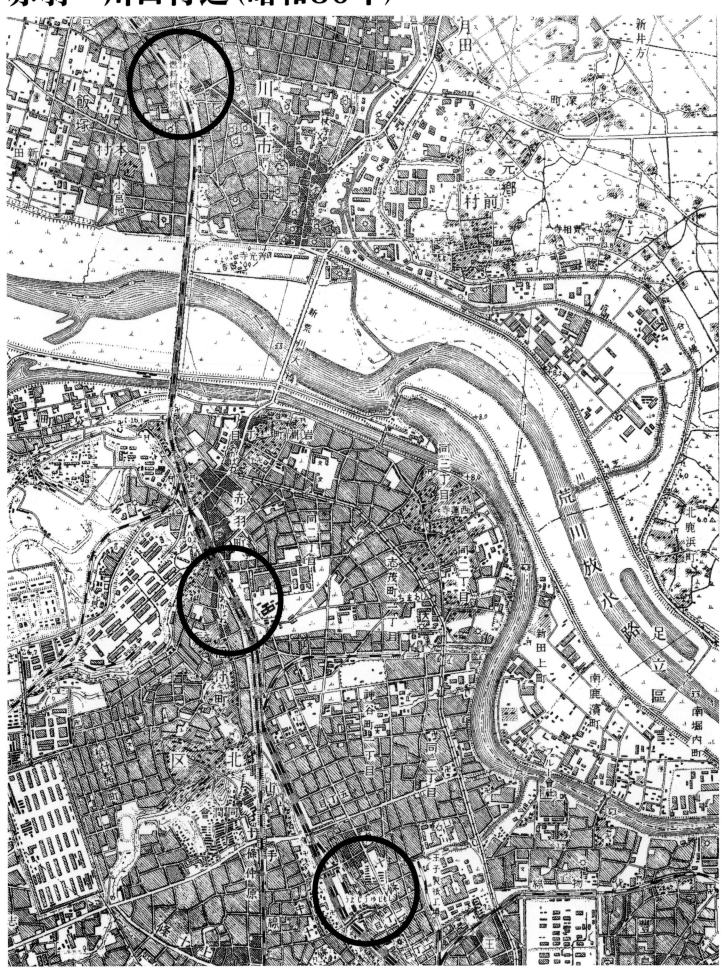

建設省地理調査所発行「1/25000地形図」

浦和～与野付近（昭和28年）

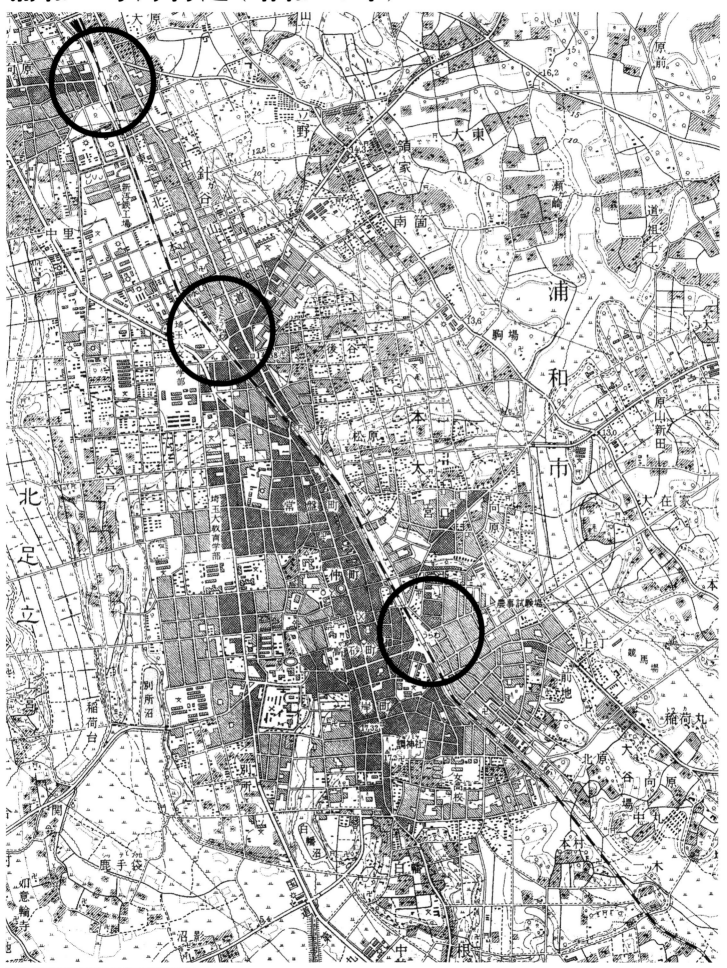

建設省地理調査所発行「1/25000地形図」

大宮付近（昭和28年）

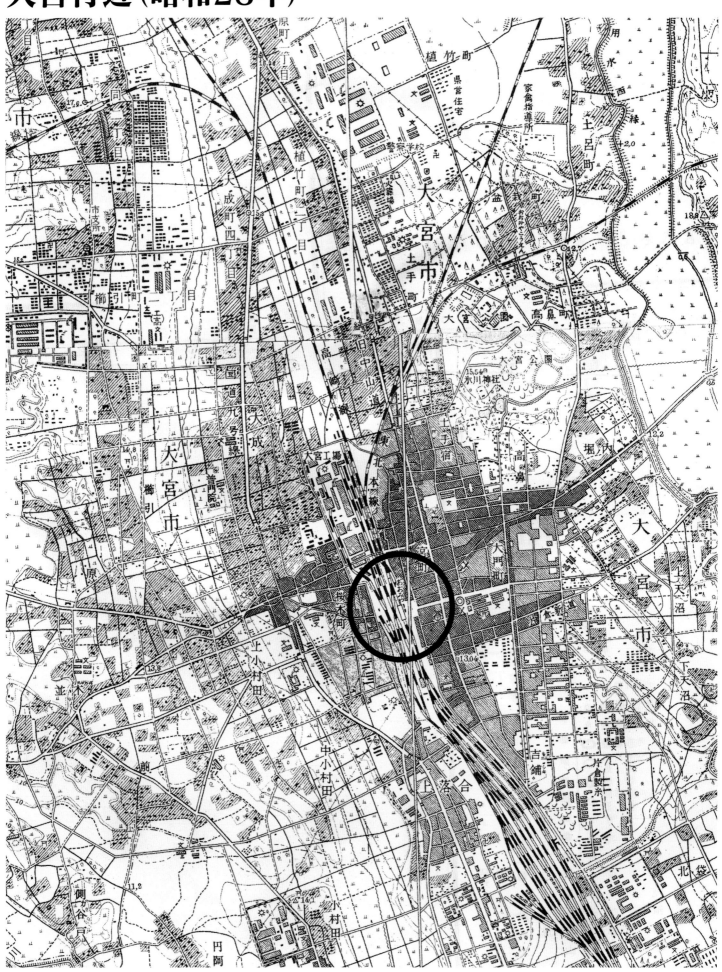

建設省地理調査所発行「1/25000地形図」

上尾～桶川付近（昭和28年）

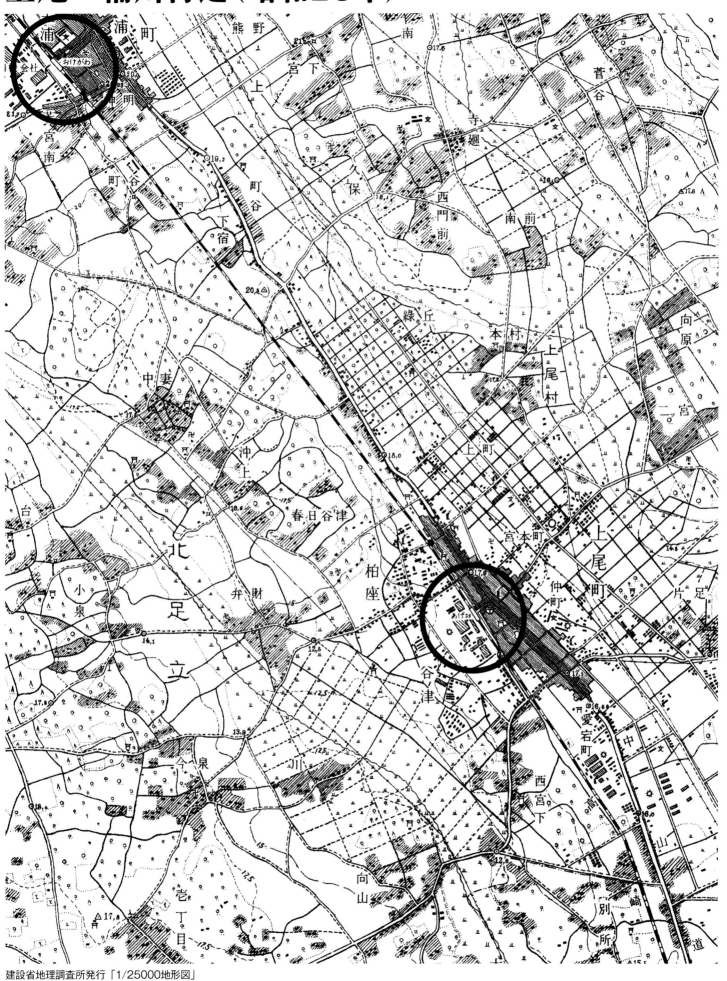

建設省地理調査所発行「1/25000地形図」

北本宿～鴻巣付近（昭和28年）

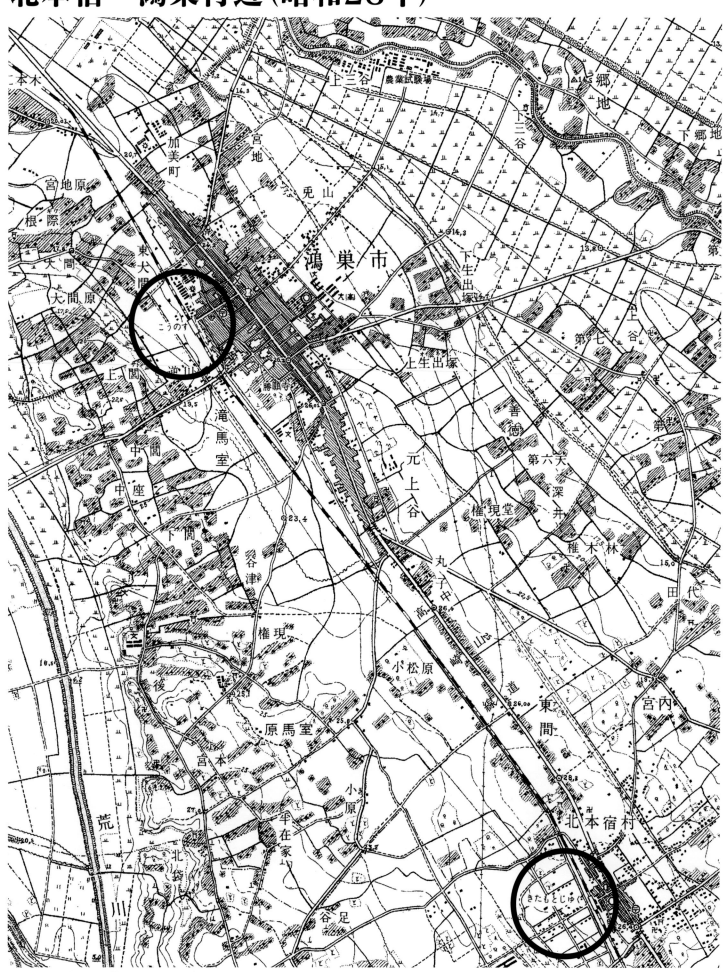

建設省地理調査所発行「1/25000地形図」

熊谷付近(昭和32年)

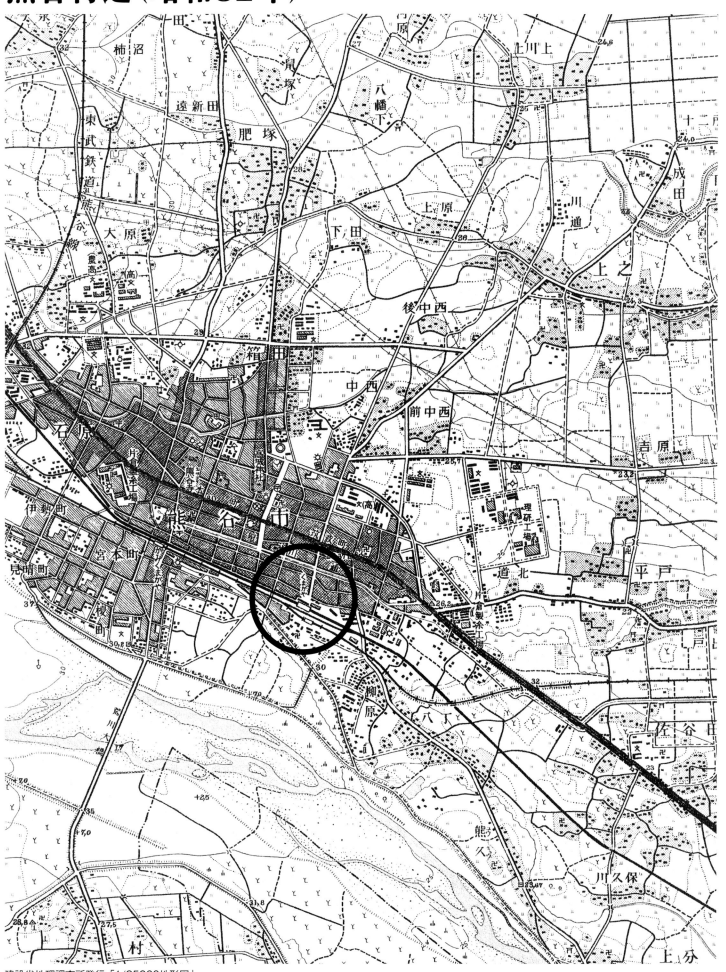

建設省地理調査所発行「1/25000地形図」

深谷付近（昭和33年）

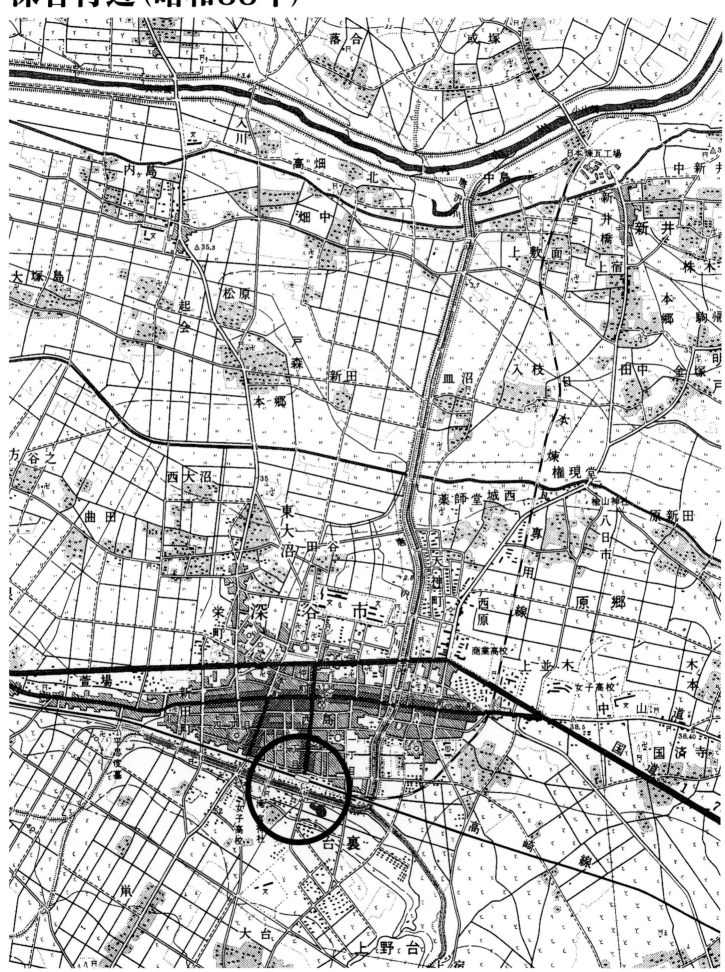

建設省地理調査所発行「1/25000地形図」

本庄付近（昭和38年）

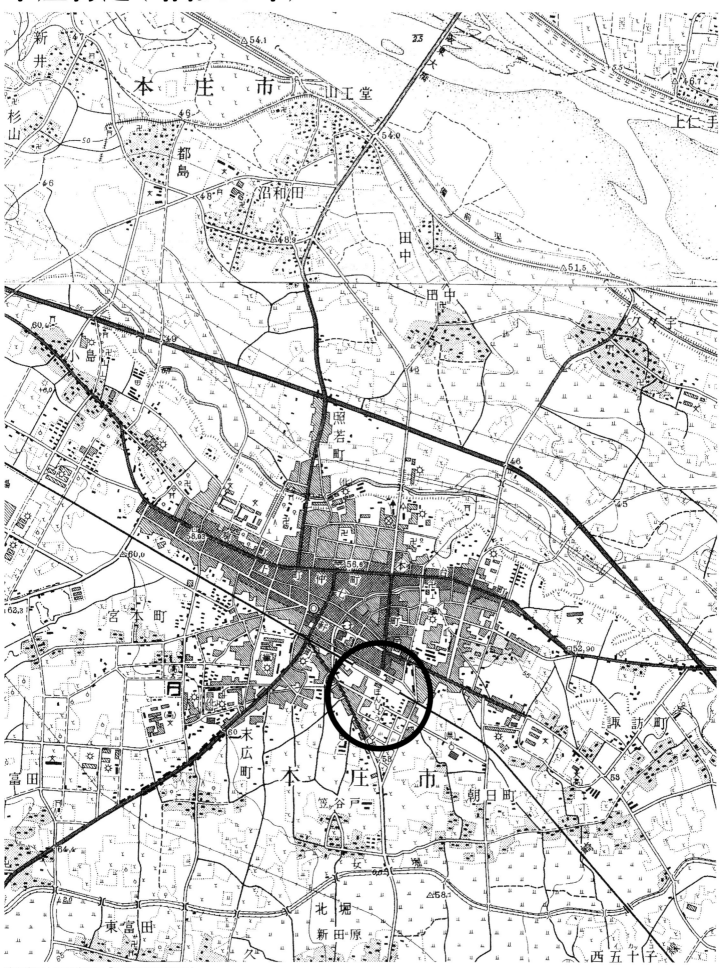

建設省国土地理院発行「1/25000地形図」

高崎付近（昭和38年）

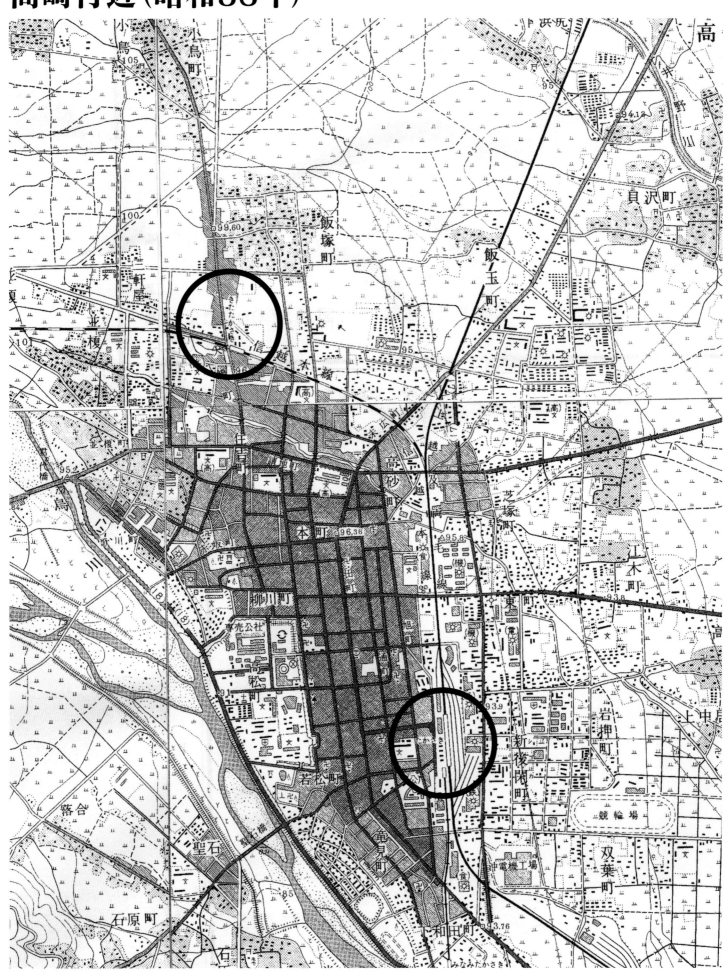

建設省国土地理院発行「1/25000地形図」

前橋付近（昭和38年）

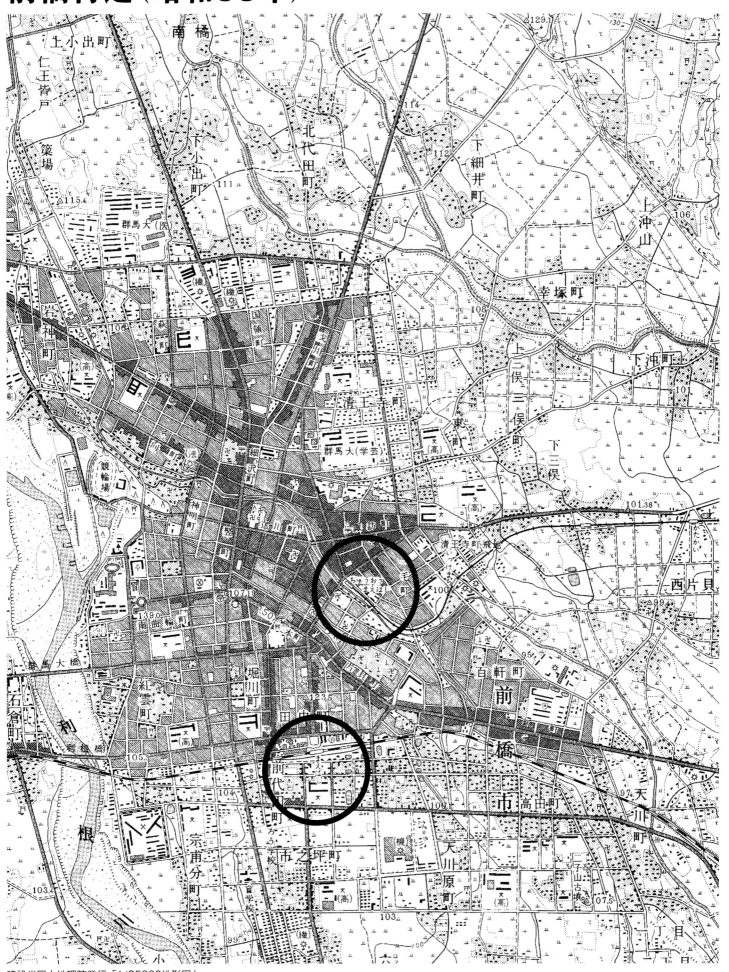

建設省国土地理院発行「1/25000地形図」

秩父鉄道

東武東上線や八高線との乗換駅である寄居駅。写るデハ100形の編成は懐かしいあずき色の塗装。写真左から荷物室合造制御車クハニ20＋デハ100＋クハ60＋デハ100の編成。木造車の鋼体化改造車で1950（昭和25）年～1954（昭和29）年に製造。ウィンドウ・シル/ヘッダーが付いた17m級の半鋼製車だった。
◎寄居
1979（昭和54）年2月25日

楕円形のナンバープレートを付けたデキ100形デキ108。元は松尾鉱業鉄道ED502で、1951（昭和26）年日立製作所製の50ｔ級電気機関車。1972（昭和47）年の松尾鉱業鉄道廃止によって秩父鉄道へ移り、翌年、元同鉄道ED501とあわせてデキ107、デキ108となった。◎寄居　1979（昭和54）年2月25日

ホキを牽引するデキ200形デキ201。デキ200形はセメント輸送の需要増大により、重量鉱石輸送の牽引用としてデキ201〜デキ203の3両が1963（昭和38）年に日立製作所で新製された。長く貨物列車の牽引機として活躍したが、その後は「SLパレオエクスプレス」の補助機関車として運用されるなどしている。
◎波久礼〜寄居　1988（昭和63）年11月13日

各停、熊谷行の1000系。元はJR東日本の国鉄型101系で、1986（昭和61）年から投入され、写真の翌年まで譲渡が続いた。黄色に茶帯の入った旧塗装時代で前面に秩父鉄道と記されていたのが印象的だった。写真の1203＋1103＋1003の編成は、2011（平成23）にオレンジバーミリオンに塗色変更した。
◎波久礼〜寄居　1988（昭和63）年11月13日

800系による各停三峰口行を後追い撮影。800系は元小田急1800形。戦後、運輸省から名古屋鉄道が割り当てを受けた63形電車を、名古屋鉄道で持て余していたために小田急が購入した車両が元で、その後の車体更新により小田急顔のノーシル・ノーヘッダー車になった。秩父鉄道への譲渡後も大幅な改造なしで小田急1800形時代の姿を残していたことから人気があった。◎寄居〜波久礼　1988（昭和63）年11月13日

C58形363号機牽引の「SLパレオエクスプレス」。当時はスハ43系客車で運行。「SLパレオエクスプレス」は1988（昭和63）年8月に開催の「さいたま博」で運行され、その後通年運転になった。写真は通年運転後。C58形363号機は埼玉県内の吹上小学校で展示されていたものを博覧会開催に合わせてJR東日本が車籍復活。大宮工場で復元後に秩父鉄道へ移籍（但し、当時の所有は埼玉県北部観光振興財団）した。列車名は海獣パレオパラドキシアに由来し、写真当時の炭水車にはパレオパラドキシアをデザインしたエンブレムが付いていた。◎波久礼～寄居　1988（昭和63）年11月13日

300系時代の急行「秩父路」。300系は1959（昭和34）年に日本車輌製造東京支店で製造された急行形。当初は2連だったが、後にサハを増備して3連に。クロスシートを備え、湘南スタイルがスマートな印象だった。写真は黄色に青帯の塗色時代。中間車のサハは2両製造されたが、うち1両のサハ352（写真）はアルミ製の車体で異彩を放ち、車体上部分は黄色に塗られ、青と黄色の帯だった。◎樋口～野上　1989（平成元）年3月19日

上信電鉄

高崎行の行先板を付けたクハ21＋デハ20。
クハ21は1959（昭和34）年製で、お椀型ベンチレーターを付けた元西武車に木造車から流用の台車を付けた。デハ20は1951（昭和26）年に登場。戦災廃車の元鉄道省モハ311から台車や台枠を流用し、鋼製車体を載せ、写真を見ると台枠が覗いている。
◎高崎
1959（昭和34）年3月12日

高崎～下仁田間を結ぶ上信電鉄。グローブ型ベンチレーターが並ぶ200形が写る。200形は自社発注の20m級車でカルダン駆動車。写真の編成はデハ202＋クハ301による2連で1次車。1次車は低運転台で張り上げ屋根が特徴である。
◎馬庭～吉井
1977（昭和52）年1月29日

古風な木造車体のデハ1形が並ぶ。ダブルルーフの16m級車で台枠に補強用のトラス棒が見られる。デハ1形は1924（大正13）年、高崎～上州富岡間の1067mm
への改軌と電化に際して製造された歴史ある車両だったが、写真当時はすでに老朽化していた。写真にはデハ5＋デハ4と電装解除されたデハ3が写る。後に台
車や台枠、電装品を利用して他形式へ活用された。◎高崎車両区　1959（昭和34）年4月1日

1000形。1976（昭和51）年に新造された形式。写真は新造翌年で、屋根上にグローブ型ベンチレーターが並ぶ。直線的な車体やイメージを一新したストライプ塗装が当時話題になった。非冷房で長年使用されたが、2000年代に入り集約分散式冷房機を設置している。
◎吉井〜馬庭
1977（昭和52）年1月29日

デハ1形デハ4＋デハニ1形デハニ2。デハニ1形デハニ2は、デハ1形デハ2の電装品を活用した荷物室合造車。後の鋼体化改造後はデハニ31となった。上州福島駅は、写真当時は甘楽郡福島町に所在。現在は甘楽町福島。織田信長の孫にあたる織田信良が初代藩主だった小幡藩の城下町小幡はこの駅が最寄り駅である。
◎上州福島
1957（昭和32）年10月13日

ED316。元は伊那電気鉄道デキ1形として製造されたうちの1両で、伊那電気鉄道が戦時買収で鉄道省となった後にED31形6号機に。国鉄で廃車後の1957（昭和32）年に上信電気鉄道（現・上信電鉄）へ譲渡され、車番を引き継いだ。国鉄から西武鉄道や近江鉄道へ譲渡されたED31形は、デキ1形時代からの長い斜めのボンネットが特徴的な凸型機であるが、一方で上信電鉄のED316は入線に先立って箱型車体へ改造された変わり種である。現在、本線運用は見られないものの、再塗装されるなどして車積を有している。右に写るのは、大正時代竣工の上信電気鉄道（現・上信電鉄）福島変電所で、こちらも現存している。
◎上州福島
1957（昭和32）年7月19日

デキ１形は、地域の産物、燃料などを運び、写真当時は貨物列車のほかに国鉄直通の臨時列車も牽引した。デキ１形は1924（大正13）年にドイツ、シーメンスシュケルト社から輸入した凸型機で同年製。同年に改軌と電化を果たした上信電気鉄道（現・上信電鉄）へ導入された歴史的な電気機関車だ。写真のデキ２は1994（平成６）年の貨物輸送廃止によって引退し、富岡市内の公園に保存された。デキ１とデキ３は工事列車のほか、電車を連結した臨時列車を牽引するなど運用。2017（平成29）年、デキ１の老朽化による漏電出火でデキ３とともに休止が続いたが、デキ３については動態保存に向けた整備が行われて2022（令和４）年に公開された。
◎千平〜下仁田　1959（昭和34）年８月14日

上信線の終着駅下仁田駅。荷物室合造車２両が写り、写真前の高崎方からクハニ10形とデハニ30形。クハニ10形は５両、デハニ30形２両あり、いずれも1950年代に随時木造車から鋼体化を図った車両だ。クハニ10形は片運転台でクハニ10形のうちクハニ10は、1954（昭和29）年、東急車輛製造製。デハニ30形は両運転台である。後部に連結される客車は国鉄のスハ32とオハフ61。国鉄直通の季節臨で「あらふね」と呼んで運行した。後に80系電車化される。
◎下仁田　1959（昭和34）年８月14日

1921 (大正10) 年、両毛線と上越南線 (現・上越線) の分岐駅として開業。1957 (昭和32) 年12月に高崎～新前橋間が両毛線から上越線へ編入し、その後、新前橋電車区が開設された。写真は1969 (昭和44) 年当時の駅舎の様子。1983 (昭和58) 年、橋上駅舎へ改築された。
◎新前橋
1969 (昭和44) 年
撮影：荻原二郎

駅舎が古いので、一見するとかなり前の写真のように錯覚するが、自販機や電話ボックスから、古い写真と言っても昭和30年代などではなく、昭和50年代の写真だと思われる。写真の駅舎は現在もなお現役で使用されており、上信電鉄には下仁田駅のほかにも古い木造駅舎が残る。
◎下仁田
昭和50年代
撮影：山田虎雄

上毛電気鉄道の終着駅である西桐生駅。1928 (昭和3) 年開業時からの駅舎が現存し、マンサード屋根が特徴的な洋風建築で、登録有形文化財に登録されている。写真左側には、頭が赤い丹頂鶴が由来の丹頂型電話ボックスが写り、駅舎の屋根には大きなペプシの看板が見られる。駅舎は現存するが、周りのものは時代を経て変化していった。
◎西桐生
昭和30年代
撮影：山田虎雄

上毛電気鉄道

大胡駅は大胡電車庫や変電所が隣接する駅。駅舎や電車庫、変電所などが登録有形文化財に登録されている。写真は昔日の大胡駅付近で撮影のデハ81牽引貨物列車。タンク車も連結する。デハ81は東武鉄道から1947（昭和22）年に借り入れたデハ10で翌年購入し、1980（昭和55）年に廃車された。
◎大胡
1959（昭和34）年7月26日

東武鉄道桐生線との並走区間。デハ101＋クハ61による西桐生行。クハ61は元成田鉄道の木造車を補強したうえで制御車へ改造した旧クハ61を鋼体化、台枠延長した車両。
◎赤城〜天王宿
1967（昭和42）年12月30日

中央前橋行のデハ104。デハ100形は開業にあわせて1928（昭和3）年に製造された半鋼製16m級車。デキ101～104の4両が登場。長く主力として運用され、写真当時は3扉から2扉化した後の姿。その後、西武鉄道から譲渡車が入ってきたことで、他の旧車とともにデハ100形の一部は廃車されたが、デハ1形は単行運転ができる両運転台であることで、デハ101やデハ104は貨物列車や保線用車両の牽引にあたり、1997（平成9）年まで、朝ラッシュ時の旅客輸送にも運用されていた。その後、デハ104は休車後除籍になったが今も残り、デハ101は現在も車積を有する稼働状態で、イベント電車や保線車両の牽引を務め、貴重な現役吊り掛け電車である。◎大胡　1959（昭和34）年7月26日

【写真】

篠原 力(しのはら つとむ)

1940(昭和15)年1月、東京市本所区生まれ。幼少の頃から両国駅の転車台を見に行き、鉄道に興味を抱く。一時期鉄道友の会入会。

1959(昭和34)年5月、東京都交通局入局。同日地下鉄建設部配属。都営地下鉄4路線の建設計画・設計および保守管理業務に携わる。

2000(平成12)年3月、東京都交通局定年退職。在職中は余暇を利用し、全国の鉄道を見て歩き旅を行う。現在は機関車牽引列車の撮影および撮り貯めた写真の整理・デジタル化に取組中。

【解説】

辻 良樹(つじ よしき)

1967(昭和42)年1月、滋賀県生まれ。東京で鉄道関係のPR誌編集を経てフリーの鉄道フォトライターに。現在は滋賀県を拠点に著作。著書に『関西 鉄道考古学探見』(JTBパブリッシング)、『日本の鉄道150年史』(徳間書店)のほか、『北海道の廃線記録』シリーズ各編(フォト・パブリッシング)、『山陰本線 1960～2000年代の思い出アルバム』『京王電鉄 昭和～平成の記録』(アルファベータブックス)など多数。現在、朝日新聞滋賀版にて『滋賀の鉄道 再発見』を連載中。

【写真提供】

荻原二郎、山田虎雄、安田就視

未来へつなぐ日本の記憶
高崎線と沿線
高崎線、両毛線、八高線、信越本線(高崎～磯部)、上越線(渋川)、長野原線、足尾線、秩父鉄道、上信電鉄、上毛電気鉄道

発行日‥‥‥‥‥‥‥‥‥2023年6月1日 第1刷　※定価はカバーに表示してあります。

解説‥‥‥‥‥‥‥‥‥‥篠原 力(写真)、辻 良樹(解説)

発行人‥‥‥‥‥‥‥‥‥高山和彦

発行所‥‥‥‥‥‥‥‥‥株式会社フォト・パブリッシング

　　　　　　　　　〒161-0032　東京都新宿区中落合2-12-26

　　　　　　　　　TEL.03-6914-0121 FAX.03-5955-8101

発売元‥‥‥‥‥‥‥‥‥株式会社メディアパル(共同出版者・流通責任者)

　　　　　　　　　〒162-8710　東京都新宿区東五軒町6-24

　　　　　　　　　TEL.03-5261-1171 FAX.03-3235-4645

デザイン・DTP‥‥‥‥柏倉栄治

印刷所‥‥‥‥‥‥‥‥‥サンケイ総合印刷株式会社

ISBN978-4-8021-3401-9 C0026

本書の内容についてのお問い合わせは、上記の発行元(フォト・パブリッシング)編集部宛てのEメール(henshuubu@photo-pub.co.jp)または郵送・ファックスによる書面にてお願いいたします。